AU RIDEAU!

OU

LES SINGERIES DRAMATIQUES,

REVUE-PROLOGUE,

Par MM. COGNIARD Frères.

Représenté pour la première fois, sur le théâtre du Cirque-Olympique, le 9 décembre 1834.

Prix : 1 Fr. 50.

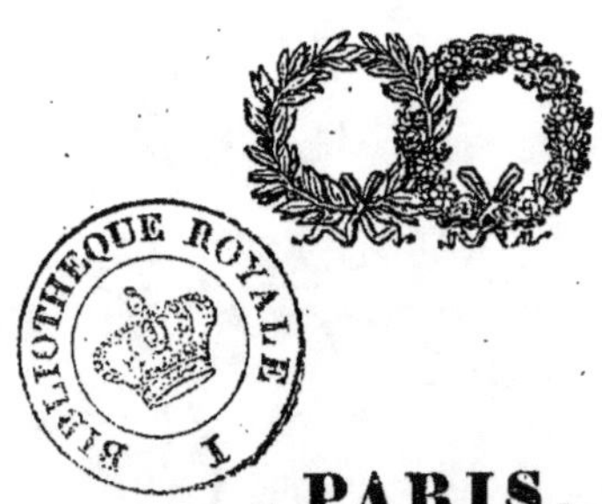

PARIS,

MARCHANT, ÉDITEUR, BOULEVART S.-MARTIN, 12;

BARBA, LIBRAIRE, PALAIS-ROYAL.

1834.

PERSONNAGES.		*ACTEURS.*
L'ART DRAMATIQUE.	Mlles	MAILLET.
LA LOUANGE.		LAURENCE.
LA CRITIQUE.		SIGNOL.
ARIEL (*de la Tempête*).		LÉONTINE.
L'OPERA COMIQUE.	MM.	PERRIN.
LE COMTE DE SAINT-GERMAIN. (*du Vaudeville.*)		EDMOND.
LE DUC.		NEUVILLE.
JUDITH (*du Palais-Royal*).	Mlle	LÉONTINE.
CHARLES III (*de la Porte-St-Martin*) / GILBERT (*de Marie Tudor*).	M.	FONTALARD.
UN AUVERGNAT (*le Théâtre Nautique.*)	MM.	LAUTMANN.
LE JUIF ERRANT.		PERRIN.
ROBERT MACAIRE.		FONTALARD.
BERTRAND.		NEUVILLE.
UN ECUYER (*le Cirque Olympique*).		STOLKLEY.

PERSONNAGES MUETS,

LEA (*de l'Opéra*).
CALIBAN, *idem*.
UN PIERROT.
CHINOIS.
CLOWNS.
THEATRES.
ECUYERS, etc., etc.

Impr. de J.-R. MEVREL,
Passage du Caire, 54.

AU RIDEAU!

REVUE–PROLOGUE.

Le théâtre représente une riche galerie ouverte sur des jardins brillans de fleurs et de verdure. A gauche, sur le premier plan, une espèce de trône élevé sur des masques de théâtre, des instrumens de musique, des manuscrits, etc., etc.

SCÈNE PREMIERE.

L'ART DRAMATIQUE, Deux Enfans à ses pieds,
LES THÉATRES.

Au lever du rideau, une femme vêtue d'un assemblage de costumes de théâtres est mollement étendue sur les coussins du trône; c'est l'art dramatique; elle doit être moitié romaine, moitié orientale. A ses pieds, deux enfans représentant le genre classique et le genre romantique, jouent avec des pantins. L'un est en costume de romain, l'autre habillé à la Henri III.

Tous les théâtres représentés par des muses, forment des groupes autour de l'Art Dramatique assoupi, et chantent.

CHOEUR.

Air : *Silence.* (2e acte du Sylphe; nocturne de Carcassi.)

Silence! silence!
Que chacun de nous
Calme sa souffrance
Par des chants bien doux.

Enfin sa tristesse
Succombe au sommeil,
Puisse l'allégresse
L'attendre au réveil.

Reprise.

Silence! silence!
Que chacun de nous
Calme sa souffrance
Par des chants bien doux.

L'ART DRAMATIQUE, *sortant de son assoupissement.* — *Aux théâtres.* Que me voulez-vous?.. me rendre vos devoirs... Hé, par le ciel! laissez-moi. Chacun de vous ne représente-t-il pas un des temples où chaque soir on me sacrifie au goût *dépravé* du moment? N'êtes-vous pas cause de l'état de langueur qui me mine et me consume? Répondez!.. Théâtres de la grande ville.. moi, l'Art Dramatique!.. ne m'offrez-vous pas chaque soir en holocauste aux fantaisies d'un public avide et blasé?..Ah!.. laissez-moi... laissez-moi, je vous l'ordonne; je veux être seule, votre présence ajoute à mes tourmens. (*Montrant les deux enfans.*) Emmenez aussi mes fils, les enfans du classique et du romantisme, mais ne les laissez pas seuls ensemble, ils se battraient. (*Les deux enfans qu'on a rapprochés par mégarde, s'allongent des coups de pieds et des soufflets. On les sépare aussitôt.*) Vous le voyez, ils ont hérité des procédés délicats de leurs pères... Allons, sortez!

Les théâtres sortent emmenant les deux enfans.

Reprise du chœur.

Silence! etc.

SCENE II.

L'ART DRAMATIQUE, *seule.*

Qui pourra donc chasser l'ennui qui m'oppresse?.. Se voir mourir langoureusement, et ne pouvoir trouver de remède à son mal! Ah! c'est affreux!.. (*Elle se dirige vers son trône; une musique mélodieuse se fait entendre.*) Qu'entends-je?..

SCENE III.

L'ART DRAMATIQUE, LA LOUANGE, LA CRITIQUE.

La Louange paraît sous le costume d'une nymphe couverte de fleurs; La Critique, sous les traits d'une vieille femme ayant un martinet à la main.

ENSEMBLE.

LA LOUANGE ET LA CRITIQUE.

Air *de la Clochette.*

Nous voilà! *bis.*
L'amitié nous invite,
Nous voilà! *bis.*
Reçois notre visite,
Nous voilà! (*Cinq fois.*)

L'ART DRAMATIQUE. Vous, mes sœurs, la Louange et la Critique?

LA CRITIQUE. Oui, chère sœur... nous venons... (*Elle envisage l'Art Dramatique.*) Ah! mon Dieu! est-ce que vous êtes malade?

LA LOUANGE. Comme vous paraissez souffrante?

LA CRITIQUE, *à part*. Je crois l'Art Dramatique dans un état inquiétant.

LA LOUANGE. Pauvre sœur! si j'avais su, je serais venue plus tôt vous rendre visite, et vous consoler...

L'ART DRAMATIQUE. Me consoler!.. toi, la Louange... Hélas! ne passes-tu pas ton temps à vanter, à préconiser ceux qui m'ont mis dans l'état où je suis?

LA LOUANGE. Je suis trop bonne... c'est peut-être vrai... mais si vous saviez!.. que d'adorateurs sont chaque jour à mes genoux?

Air : *Dérider le front royal.*

Ils me montrent tant de ferveur!
Comment ne pas se laisser toucher l'ame.
Ils s'adressent tous à mon cœur,
Et moi, j'ai le cœur d'une femme.

LA CRITIQUE, *à l'Art Dramatique.*

Chez moi, ma sœur, il n'en est point ainsi,
Ce fouet vengeur, pour vous je le consomme.
Sans doute, je suis femme aussi,
Mais pour frapper, j'ai la poigne d'un homme.
Oui, pour frapper, j'ai la poigne d'un homme.

(*Montrant son fouet.*) Aussi, voyez... comme il est usé; c'est en votre honneur que je l'ai arrangé ainsi, et vous m'en devez bien un autre.

L'ART DRAMATIQUE. Ainsi donc, mes chères sœurs, mes théâtres sont toujours les mêmes.

LA CRITIQUE. Toujours des monstruosités, des atrocités ou des nullités, ce qui n'empêche pas les spectacles demandés.

L'ART DRAMATIQUE. Et moi, je languis, je succombe sous le poids de ces œuvres dans lesquelles on trouve tout, excepté le bon sens.

LA LOUANGE. Que voulez-vous? le goût est au bizarre... au fantasque.

LA CRITIQUE. Le goût a bien peu de goût.

LA LOUANGE. Vous êtes trop difficile, mais laissons cela. (*A l'Art Dramatique.*) Songeons plutôt, ma chère sœur, à votre guérison.

L'ART DRAMATIQUE. Hélas! que faire? j'ai si peu d'espoir!

LA LOUANGE. Pourquoi ne pas essayer des productions nouvelles?

LA CRITIQUE. Le ciel l'en préserve!.. Ne sont-ce pas les œuvres dramatiques qui l'ont mise dans l'état où elle est?

LA LOUANGE. Qu'importe! Cherchons le remède dans le mal. Depuis qu'elle ne fréquente plus ses temples, peut-être s'y est-il glissé quelque chef-d'œuvre inaperçu?.. un seul pourrait opérer la cure que nous désirons.

LA CRITIQUE. Un chef-d'œuvre! comme vous y allez, ma mie! vous n'avez donc pas lu mes feuilletons?

LA LOUANGE. Oui, vous les avez écrits à la campagne, sur les rapports de vos amis.

LA CRITIQUE. Vous êtes une insolente. (*A l'Art Dramatique.*) Ma sœur, ne l'écoutez pas.

LA LOUANGE. Suivez mes conseils, au contraire... laissez là toute prévention, et essayons d'une revue dramatique.

LA CRITIQUE, *à l'Art Dramatique.* N'en faites rien, ma sœur, vous vous en repentiriez.

LA LOUANGE, *à la Critique.* Vous êtes la plus méchante des femmes.

Air *du verre.*

Si l'on dit oui, vous dites non,
Tout, selon vous, est pitoyable.

LA CRITIQUE.

Sans doute, c'est que rien n'est bon.
Est-ce donc moi qui suis coupable?

LA LOUANGE.

Vous ne voyez que les défauts,
Dans votre cœur la haine abonde.

LA CRITIQUE.

Depuis que je hais tous les sots,
Oui, je hais presque tout le monde.
Depuis que je hais tous les sots,
J'ai bien peu d'amis en ce monde.

L'ART DRAMATIQUE. Assez de disputes, mes sœurs, ménagez-moi, de grace!

LA LOUANGE. Consentez-vous à ma proposition?

L'ART DRAMATIQUE. Je m'abandonne à toi, si ça ne fait pas de bien...

LA CRITIQUE. Ça fera du mal... car l'ennui est une terrible maladie. Enfin, puisque vous le voulez.

L'ART DRAMATIQUE. Vous nous tiendrez compagnie, ma sœur la Critique?

LA CRITIQUE. J'y consens, ne fut-ce que pour jouir de mon triomphe! Qu'ils paraissent donc ces ouvrages, ces réputations si vantées par ma sœur; je les attends!

Elle agite son martinet L'Art Dramatique va au fond et fait un signe tous les Théâtres reviennent.

SCENE IV.

CHŒUR.

Air *de l'Homme du siècle.*

Votre voix nous appelle
Pour prouver notre zèle,
Ici nous accourons,
Ordonnez, nous obéirons.

L'orchestre joue l'air une seconde fois.

LA CRITIQUE. Mes petits chéris, il s'agit de nous envoyer tout de suite ce que vous avez de plus neuf, et surtout de moins ennuyeux. Dépêchez-vous, et que les entr'actes ne soient pas trop longs, ou je siffle!..

Elle tire de sa ceinture un énorme sifflet. Les Théâtres s'inclinent. Un grand roulement de cymbales.

SCÈNE V.

Les Mêmes, *puis* ARIEL, LÉA *et* CALIBAN.

L'orchestre exécute la musique de ballet de l'Opéra, au moment où Fernando soulève la tempête. Un éclair traverse le théâtre.

LA CRITIQUE. Une tempête? ça sent l'Opéra.

Un groupe paraît; c'est Ariel, Caliban et Léa. Caliban est couché aux pieds de Léa qui est assise sur un banc de gazon. Ariel debout sur le banc les considère en souriant.

ARIEL, *saute légèrement à terre.*

Air : *Et vogue ma nacelle.*

Sans crainte des critiques,
L'Opéra de nos jours,
Par des danses magiques
Enchantera toujours.
Au diable l'art qu'on prône!
Au diable le progrès! *bis.*
La danse est sur le trône,
Le reste vient après. *bis.*
Ah, ah! *bis.*
A nous seuls les succès!

(*A l'Art Dramatique*) Vous voyez devant vous les trois des principaux personnages de notre belle Tempête.

Il fait des pliés et des changemens de jambes avec distraction.

LA CRITIQUE. Elle ne fait pas beaucoup de bruit...votre Tempête.

ARIEL. Voici Léa, la timide, la naïve Léa... (*Il prend Léa par la main et veut la conduire devant l'Art Dramatique; elle se défend timidement.*) Allons, ne faites pas la bégueule... (*Il la conduit.*) Une révérence, du velours dans les genoux. (*Léa fait la révérence.*) Très bien! Ce laid personnage, (*Il montre Caliban.*) c'est le gnôme Caliban.

LA CRITIQUE. Vous faites bien de le dire, car il n'en a que le nom. Pauvre Shakespeare! comme ils l'ont massacré, ton Caliban!.. (*Caliban fait deux ou trois grimaces et prend une pause.*) Tu as beau faire la grimace, ça ne signifie pas grand' chose.

ARIEL. Quant à moi, je m'appelle Ariel, je suis un génie!

Il fait des battemens.

LA CRITIQUE. Vraiment? Je croyais qu'il n'y avait aucune espèce de génie dans votre ballet; mais, puisque vous le dites, je veux bien vous croire. C'est égal, si je connaissais l'auteur de votre Tempête, je lui dirais: Votre intrigue est bien mal... nourrie.

LA LOUANGE. Allons, allons, ma sœur, il faut excuser la faiblesse de l'ouvrage en faveur du luxe qu'on y a déployé.

LA CRITIQUE. Et depuis quand, s'il vous plaît, un beau cadre a-t-il rendu bonne une mauvaise peinture?

ARIEL. Vieille censure... va!.. si je ne me retenais... je crois que je la battrais...

LA CRITIQUE. Tâchez plutôt de battre un huit.

LA LOUANGE.

Air: *Un page aimait la jeune Adèle*

Vraiment, ma sœur, vous êtes trop rigide!
Soyez plus calme et vous jugerez mieux;
A ce théâtre, où le bon ton préside,
N'avez-vous pas assez de merveilleux?

LA CRITIQUE.

A l'Opéra, moi, je veux des miracles;
J'en veux beaucoup, j'en veux à l'infini.
Eh! n'ont-ils pas pour franchir les obstacles,
Les aîles de Taglioni? *bis.*

ARIEL, *à Léa et à Caliban.* Ce que nous avons de mieux à faire, je crois, c'est de nous échapper en glissades.

Musique de sortie. Ils forment quelques groupes avant de quitter la scène.

SCENE VI.

L'ART DRAMATIQUE, LA LOUANGE, LA CRITIQUE.

L'ART DRAMATIQUE. Je ne vais pas mieux.

LA CRITIQUE. Je crois bien, ça n'est pas fait pour ça.

LA LOUANGE. Attendons... patience !..

LA CRITIQUE. Passons à un autre. C'est, je crois, le tour de l'Opéra-Comique. Qu'il vienne !

On entend une musique funèbre. Un buste, couvert d'un voile noir, et placé sur un piédestal, sort de dessous terre. Le théâtre de l'Opéra-Comique pleure d'un côté, de l'autre est Georges de la Dame-Blanche.

L'ART DRAMATIQUE, *se levant.* Qu'est-ce que cela ?

Georges montrant le buste.

Air : *Des mains de Melpomène en pleurs.*

C'est notre ami, c'est notre bienfaiteur,
Qui, pour toujours, a quitté cette vie,
Ah ! plaignez-nous, plaignez notre douleur;
Il est là-haut avec tout son génie.
O Boïeldieu, notre France, aujourd'hui,
En te pleurant t'adresse ses louanges.
Pour embellir le concert de ses anges,
Le ciel avait besoin de lui. *bis.*

La musique continue. L'Art Dramatique et la Louange prennent chacune une couronne et vont la poser sur le buste. La Critique laisse tomber son martinet et s'incline.

CHOEUR.

Adieu, pauvre ménestrel,
Adieu, refrain d'amour et de guerre;
Chantons tous, sous la bannière,
Des chevaliers d'Avenel.

Tout disparaît. — Musique.

LA CRITIQUE. Voilà de nouveaux personnages; je reprends mon martinet.

Elle le ramasse. L'Art Dramatique va reprendre sa place. On entend un grand bruit de grelots.

LA CRITIQUE. Je crois entendre les grelots du Vaudeville.

SCÈNE VII.

Les Mêmes, LE COMTE DE SAINT-GERMAIN.

LE COMTE DE SAINT-GERMAIN.

Air : *Il n'est pas de Royaume* (De la Fiancée de Lamermoor.)

Je viens du Vaudeville,
Où j'obtiens des succès,
Par mon esprit facile
Je sais captiver... mais
Il faut se méfier
Je passe pour sorcier,
Eh !
Le trépas, je l'affronte,
Avec dédain;
Car vous voyez le comte
De Saint-Germain.

Au rideau!

Reprise du chœur.

Le trépas il l'affronte,
Avec dédain ;
Car c'est bien lui le comte
De Saint-Germain.

L'ART DRAMATIQUE. Le comte de Saint-Germain...

LE DUC. Lui-même ; un énorme farceur, non... c'est-à-dire c'est moi qui suis un énorme farceur... lui c'est un gaillard, un séducteur.

LE COMTE. Dont voici l'histoire... Pour lors, j'ai trente ans et un très joli costume, j'adore une femme mariée fort belle qui a un gros mari fort bête.

LE DUC. Le gros mari... fort bête... c'est moi, ne faites pas attention. (*Montrant le comte.*) Il est très insolent.

LE COMTE. On m'accuse de faire de l'or, on me condamne à être brûlé vif... cela touche la dame mariée, on me brûle en effigie, je suis heureux en réalité.

LE DUC. Hélas! il n'est que trop vrai... grand misérable!.. après ça depuis un an que je suis marié, je n'ai pu encore donner à la France un héritier de ma souche... mais c'est égal... vous m'avez fait... suffit, continuez.

LE COMTE. Je pars pour l'Allemagne, et tout en travaillant dans mon laboratoire, je trouve la mort dans un alambic... me voilà mort, fort bien.

LE DUC. Cela t'apprendra à t'occuper de ma postérité... et à me faire... continuez.

LE COMTE. Puis tout à coup... je deviens mon fils et j'aime une jeune fille qui a une mère.

LE DUC. Il y a beaucoup de jeunes filles comme ça dans le monde.

LE COMTE. J'ai encore trente ans et un très joli costume... je vais épouser la jeune fille lorsque la mère me reconnaît... Ciel! c'est le comte de Saint-Germain! on me cherche querelle, je me bats, je suis tué... fort bien.

LE DUC. Je ne dis pas le contraire.

LE COMTE. Après cela je deviens le fils du fils que j'étais.

LE DUC. C'est un imbroglio ! c'est gentil!..

LE COMTE. J'ai toujours trente ans et un très joli costume... J'arrive à la cour de Louis XV, un farceur de roi de seize ans... on m'envisage, ah! mon Dieu! est-ce bien possible! c'est le comte de Saint-Germain!.. Un sorcier, dit le roi... qui est fin comme Gribouille, il faut qu'il me fasse de l'or... or, j'accepte; mais le roi n'en veut plus, parce qu'il retrouve les diamans de la couronne qui étaient perdus.

LE DUC. C'est par les diamans que finit la pièce.

LE COMTE. C'est un dénouement brillant.

LE DUC. On peut se faire monter en épingle.

L'ART DRAMATIQUE. Tout cela me paraît fort peu clair.

LA LOUANGE. Il y a de l'intérêt, de la gaîté, que faut-il de plus dans un vaudeville ?..

LA CRITIQUE. Mais je n'y vois qu'une chose, c'est que monsieur avait promis de faire de l'or, et que je crains bien...

LE COMTE. Pas de méchanceté, je vous prie... car... (*Reprenant la fin de la ballade.*)

Il faut se méfier,
Je passe pour sorcier,
Eh !
A défaut de victoire
Et de butin,
Je m' nourrirai de poires
De Saint-Germain.

CHOEUR.

A défaut, etc.

Le comte et le duc sortent

SCENE VII.

Les Mêmes, *excepté* LE COMTE DE SAINT-GERMAIN.

L'ART DRAMATIQUE. Mais d'où vient donc cette odeur de tabac ? pouah !

LA CRITIQUE. C'est Judith, du théâtre du Palais-Royal.

LA LOUANGE. L'une de mes protégées.

LA CRITIQUE. C'est sans doute son tabac qui l'a mise en bonne odeur auprès de vous.

SCENE VIII.

JUDITH, *entrant sur la ritournelle de l'air et fumant une cigarette.*

Air : *Je chante, je danse, je chante.*

Je fume, (*ter.*)
Moi je raffole de cette coutume ;
Ce qu'il me faut dans mon hamac
C'est un vent frais et l'odeur du tabac. *bis.*

Je voudrais des cigarettes, qu'est-ce qui a des cigarettes... vivent les cigarettes !

L'ART DRAMATIQUE. Comment! se permettrait-on maintenant de fumer au théâtre ?

LA CRITIQUE. Hélas ! oui, c'est que voyez-vous, cette petite femme-là a le diable au corps.

LA LOUANGE. J'espère que vous n'avez pas grand chose à lui reprocher.

LA CRITIQUE. J'ai à lui reprocher ses bouffées de tabac ; elle fume dans toutes les pièces, et il faut bon gré mal gré que le public en ait plein la gorge.

JUDITH. Doucement, madame la critique, regardez nos recettes et vous verrez que le siècle est au tabac, et que vous avez tort de me blâmer.

Air : *Allons Babet il est bientôt dix heures.*

Le bon public m'adore et m'idolâtre,
Il est charmant, tout lui va tout lui plaît.
Depuis qu'on voit fumer à mon théâtre
L'on ne va plus à l'estaminet,
Car mon théâtre est un estaminet.
Avant un mois je veux quitter la pipe ;
Toujours fumer, c'est trop doux, c'est du miel,
Ce qu'il me faut, c'est du substantiel.
Tabac divin ! fidèle à mon principe
Je veux bientôt te prendre au naturel ! *bis.*

LA CRITIQUE. Vous le mâcherez alors... ça sera gentil !

JUDITH. D'ailleurs, accusez nos auteurs, c'est leur faute et non la mienne.

LA CRITIQUE. Je veux bien en convenir... j'accuse donc nos auteurs.

LA LOUANGE. N'accusons personne... (*A Judith.*)

Air : *Républicains quel cortège s'avance.*

Quand tu parais, le plaisir t'accompagne,
Et l'on n'entend jamais que des bravos !
Laisse, Judith, critiquer ma compagne,
Il lui faut bien quelques petits propos,
C'est sa nature, il lui faut des propos. *bis.*
Ecoute ici le conseil d'une amie,
Pour nous charmer, va, ne change jamais, *bis.*
Bois, fume, ou danse au gré de ton envie,
Avec toi seule on obtient des succès.

JUDITH, *s'inclinant.* Je suivrai vos avis, je pars... mais...

Air : *Bolero espagnol.*

Dès qu'on m'appellera
Ah ! ah ! ah ! ah !
Je serai-là.
Sur le cigare
Je suis forte déjà,
Ah ! ah ! ah ! ah !
Mais j' le déclare,
D' la pipe et cœtera
Ah ! ah, ah, ah !
Le tour viendra,
Il me faut plaire
Et s'il me faut pour ça

Boire à plein verre
Vite on se grisera
Ah! ah, ah, ah!
Rien n'm'arrêtera.

Elle va pour sortir, Charles III paraît et la prend par le bras et l'amène sur le devant de la scène.

SCÈNE IX.

L'ART DRAMATIQUE, LA LOUANGE, LA CRITIQUE, JUDITH, CHARLES III.

CHARLES III, *à Judith*. Oh! ne sors pas ainsi... tu vois que je pleure, tes yeux sont mouillés aussi, toi.

JUDITH. Moi, pleurer... vous me faites rire.

CHARLES III. Tu souffres de me voir souffrir... merci!.. cette Mariana, vois-tu... pourquoi ne te dirais-je pas?.. les rois ont des faiblesses comme les autres hommes...

JUDITH. Tiens?.. je ne vois pas pourquoi ils n'auraient pas des faiblesses comme les autres... ces pauvres rois?..

CHARLES III. Cette Mariana, c'est la première femme, la seule que j'aie aimée... la seule qui m'ait vraiment aimé. (*Avec émotion.*) et qui n'a aimé que moi, elle, j'en suis sûr; car c'est une femme à part, celle qui m'a fui quand elle a su que j'étais un prince, celle qui s'est dérobée à mes yeux depuis vingt ans, plutôt que d'accepter rien de celui qui l'avait abusée par un faux mariage, c'est une femme à part.

JUDITH. Vous me faites l'effet d'un homme sensible, moi j'aime la sensibilité, je raffolle de la sensibilité, mais la vôtre est-elle vraie... ou est-ce de la fausse?

CHARLES III. Ignoble calembourg... Je suis Charles III, voyez-vous; j'ai aboli l'inquisition, voyez-vous; je représente un membre du théâtre St-Martin, voyez-vous; aussi j'ai un cœur d'homme, des mains d'homme, une poitrine d'homme.

JUDITH. Et cœtera, et cœtera, et cœtera...

L'ART DRAMATIQUE. Vos drames qui n'en finissent jamais, ne nous parlent que d'adultères.

LA CRITIQUE. d'empoisonnemens, de parricides, d'infanticides, de suicides... c'est insipide.

LA LOUANGE. Ah! c'est montrer trop de sévérité mes sœurs, et ce théâtre, quoi qu'on en puisse dire, a beaucoup fait pour l'art dramatique...

JUDITH. Ça n'empêche pas qu'on y fait l'amour d'une façon... moi qui vous parle, je m'y suis vue forcée de rougir.

CHARLES III. Je n'ai pas le bonheur de vous amuser, je vais m'en aller, voyez-vous...

LA CRITIQUE. Allez-vous-en, voyez-vous; je ne vous retiens pas.

Le costume de Charles III disparaît tout à coup, et l'acteur se trouve sous les habits de Lokroy rôle de Gilbert de Marie Tudor.

JUDITH. Allons, voilà Gilbert de Marie Tudor, à présent...

L'ART DRAMATIQUE. Décidément ce théâtre en veut à ma santé!..

GILBERT, *à Judith.* Jeanne, m'aimes-tu?.. Jeanne, m'aimes-tu?..

JUDITH, *à l'Art Dramatique.* Mademoiselle Jeanne lui répond ingénuement. (*A Gilbert.*) Gilbert, je voudrais vous baiser les pieds...

GILBERT. Jeanne, m'aimes-tu?.. m'aimes-tu?.. Ah! tout cela ne me dis pas que tu m'aimes... c'est de ce mot-là que j'ai besoin, Jeanne.. De la reconnaissance, toujours de la reconnaissance... Oh! je la foule aux pieds la reconnaissance, je veux de l'amour ou rien. Jeanne, depuis seize ans tu es ma fille, tu vas être ma femme maintenant; je t'avais adoptée, je veux t'épouser. Dans huit jours!.. tu sais, tu me l'as promis, tu as consenti, tu es ma fiancée. Oh! oh!.. tu m'aimais quand tu m'as promis cela, ô Jeanne! depuis plusieurs mois il me semble que quelque chose est changé en toi; depuis trois semaines surtout, Jeanne, je veux que tu m'aimes... moi, je suis habitué à cela, je veux que tu m'aimes; tu es toujours triste et préoccupée à présent... est-ce que tu ne m'aimes plus?.. je suis un bon ouvrier, un honnête homme, sans doute; mais je voudrais être un brigand, un voleur et un assassin et être aimé de toi... Jeanne!.. si tu savais comme je t'aime!..

L'ART DRAMATIQUE. Ah! ça, est-ce réellement une pièce ou une plaisanterie, une gageure?..

LA CRITIQUE. Non pas, non pas; c'est très sérieusement comique.

L'ART DRAMATIQUE. Dans les vingt lignes que monsieur a debitées, j'ai compté trente fois le verbe aimer..

LA CRITIQUE. C'est de la nouvelle école.

GILBERT. Oh! par ma mère, n'en dites pas de mal... de la nouvelle école, vous ne m'avez donc pas compris, vous; je vais recommencer... moi...

LA CRITIQUE. Non, non, sortez, on vous en prie.

GILBERT, *furieux.* Malheur à vous! je sors, je sors... (*Sur un autre ton.*) Viens Judith... un temps de galop...

JUDITH. Ça me va?..

Musique de galop. Ils sortent en galopant.

SCENE X.

Les Mêmes, *excepté* **JUDITH** *et* **CHARLES**, *puis* **LE THÉATRE NAUTIQUE.**

On entend chanter dans les coulisses ce refrain.

A l'eau *bis.*
Voilà le orteur d'eau !
A l'eau *bis.*
Voilà le porteur d'eau !

Le Théâtre Nautique est représenté par un gros Auvergnat ayant le costume d'un porteur d'eau; deux garçons portant chacun deux sceaux d'eau sur leurs épaules, le suivent.

L'AUVERGNAT.

Air *de la porteuse d'eau.*

Je chuis du théâtre Nautique,
Et ch' puis dir' son plus grand soutien.
Dans l'eau je noye la Critique,
Aussi, je ne redoute rien,
J' conduisons ma barque sans peine,
Car, porteur d'eau je connais la Seine,
Auchi, faut v'nir voir comme c'est beau,
Notre grand théâtre fait d'eau !..

LA CRITIQUE. Comment Faydeau...

L'AUVERGNAT. Eh oui, fait avec de l'eau... quand je dis fait d'eau... il lui avait chucchédé au théâtre Faydeau... mais comme les chants ne faisaient pas de bonnes recettes, que ça n'était pas solide, on s'est dit: mettons du liquide à la place, et c'hest depuis che temps que je crie :

A l'eau, *bis.*
Voilà le porteur d'eau,
A l'eau, *bis.*
Voilà le porteur d'eau !

LA CRITIQUE. *montrant les deux porteurs.* Est-ce que ces messieurs sont des artistes de votre théâtre?..

L'AUVERGNAT, *riant.* Des artichtes... eux... ch'te bêtise, che chont mes commis qui vont remplir le bachin pour la représentachion de ce soir... Vous ne savez donc pas le proverbe qui dit : les sceaux sont ichi bas pour nos menus plaisirs.... Allons, partez, vous autres, si vous avez trop d'eau, vous la garderez pour demain... cha chervira pour la cascade... (*Les deux porteurs s'éloignent.*) Maintenant, me chera-t-il permis de dépoger mes chivilités aux pieds de l'Art Dramatique?..

LA CRITIQUE. L'Art Dramatique ne vous connaît, pas mon cher ami...

L'AUVERGNAT. L'Art Dramatique ne me connaît pas... par egemple... vous n'avez donc pas vus mes *Ondines*, mon *Guil-*

laume-Tell, et mon ballet *Chinois*... ah!.. faut voir cha, comme c'hest réglé, aligné, compassé... Nous avons des dancheurs et des dancheuses qui tournent au commandement comme des soldats Pruchiens!.. Dà!..

LA CRITIQUE. C'est justement cela qu'on vous reproche...

L'AUVERGNAT. On nous reproche chela, il faut qu'on choit bien difficbile... voulez-vous voir une reprégentachion de Nautique?..

LA CRITIQUE. De vos Tics?..

L'AUVERGNAT. Je ne dis pas de mes tics, je dis nautique. Ah! bon, je comprends, vous faites des calembourgs; c'est bien usé. N'importe! vous allez juger. (*Il va au milieu et se met à crier.*) A l'eau! oh! à l'eau! oh! (*Deux chinois et deux chinoises entrent en scène se groupent, et restent ensuite immobiles.*) Regardez-moi cha, comme ch'est pogé, cha ne bouge pas plus que des morceaux de bois... Voilà le grand talent, cha resterait comme cha, sans remuer, pendant chix semaines chi l'on voulait!

LA CRITIQUE. On dirait des figures de cir

L'AUVERGNAT. Vous allez voir comme cha va au commandement!.. Attenchion! Nous allons exécuter une schène d'amour sur l'air de la Marquise espagnole. (*L'orchestre joue l'air de la Marquesa d'Almaëgui, d'Amédée de Beauplan. Après la ritournelle, le groupe s'anime et exécute une scène d'amour, faisant un geste saccadé par note de musique.*) Bien! allez! un peu plus de molesse dans les coudes; mouillez vos lèvres et animez vostre sourire; remarquez qu'ils font un geste sur chaque note de musique, che qui est la preuve d'une intelligence notable. A présent, vous allez voir! Hop!..

Au cri de hop! les danseurs restent immobiles dans leur position.

LA CRITIQUE. Permettez! je trouve cela fort gracieux; mais je ne vois rien de nautique là-dedans.

L'AUVERGNAT. Vous tenez donc beaucoup... à voir de l'eau?

LA CRITIQUE. Dam! êtes-vous nautique ou n'êtes-vous pas nautique?

L'AUVERGNAT. Du moment que vous y tenez, je vas faire apporter nostre bachin. (*Au dehors.*) Holà! le bachin! (*Deux petits chinois apportent un baquet plein d'eau et le placent au milieu du théâtre. Sur le baquet est écrit : Privilégé.*) Voilà! Vous le trouvez peut-être un peu petit nostre baschin... Bah!.. il cherait plus grand que cha cherait la même chose. Maintenant... attention! Une schène nautique, ch'il vous plaît! (*Le groupe s'anime encore. Un danseur veut embrasser une dansesue, qui le repousse; il est au désespoir, et menace de se précipiter dans les ondes.*) Bien! hop!

(*Ils s'arrêtent*) Vous voyez! si l'on ne le tient pas, l'infortuné va che noyer dans le bachin.

LA CRITIQUE. Se noyer? il y a tout au plus de quoi prendre un bain de pieds.

L'AUVERGNAT. Ah! je vois que vous êtes trop difficile, et que vous ne voulez pas vous mettre au courant de nostre théâtre.

LA LOUANGE, *tirant l'Auvergnat à part.* Laissez-la dire... tout Paris sait apprécier les talens de votre habile chorégraphe, et depuis long-temps sa place est marquée sur notre premier théâtre lyrique.

L'AUVERGNAT. En attendant ce jour-là, ma bonne demoiselle, je m'en vas crier autre part...

Reprise de l'air.

A l'eau! *bis.*
Voilà le porteur d'eau!
A l'eau! *bis.*
Voilà le porteur d'eau!

Les deux chinois emportent le baquet et sortent avec l'Auvergnat et les deux chinoises.

SCENE XI.

Les Mêmes, *puis* LE JUIF-ERRANT.

LA CRITIQUE. Eh bien, ma sœur, ne voulez-vous pas en rester là de notre revue?

LA LOUANGE. Et pourquoi, s'il vous plaît?

LA CRITIQUE. Cela s'explique.

LA LOUANGE. Ne voyez-vous pas qu'elle a l'œil plus brillant, le teint plus coloré.

L'ART DRAMATIQUE. En effet, mes sœurs, dans chacun de ces ouvrages qui viennent éveiller un peu ma curiosité, il y a çà et là quelques parcelles de talent qui me rendent un peu d'espérance.

LA CRITIQUE. Continuons donc!

Une musique infernale se fait entendre, quatre diables paraissent d'abord avec des torches qu'ils agitent; puis on entend trois coups de tamtam, une fusée traverse le théâtre, et le Juif-Errant paraît sous le costume de l'Enfer en vieux chanteur ayant un violon à la main.

SCENE XII.

Les Mêmes, LE JUIF-ERRANT, *puis* L'ARCHANGE.

LE JUIF.

Air *de la complainte.*

Est-il rien sur la terre,
De plus incohérent
Que la pièce vulgaire,
Du pauvre Juif-Errant...
Un destin saugrenu,
Le pousse à l'Ambigu.

(*Parlant.*) Deuxième couplet!

Il change de figure
Comme de vêtement;
Mais y n'chang' pas j' vous l' jure...
L'ennui qui vous surprend!
Il veut prouver beaucoup
Y n' prouve rien du tout.

(*Id.*) Troisième couplet!

Pour prix de son blasphême
L'ange a dit : Mécréant!
Tu marcheras toi-même,
Pendant plus de mille ans...
A l' voir toujours marchant
Dieu qu'y d'vient fatigant!

(*Id.*) Quatrième couplet!

LA CRITIQUE, *qui l'a interrompu après chaque couplet.* Ah! assez! assez!

L'ART DRAMATIQUE. Vous êtes le Juif-Errant?

LE JUIF. Juif-Errant, comme vous dites, cinquième acte, partie comique, au momoment où j'arrive en enfer, on ne sait pas comment. Ah! je suis bien malheureux!..

LA CRITIQUE. Qu'avez-vous donc?

LE JUIF. Ce que j'ai! ce que j'ai! (*Un coup de tonnerre.*) Ah! je l'entends! le voici! le voici!

L'ARCHANGE, *une épée flamboyante à la main.* Marche! marche! marche!

LE JUIF, *se mettant à arpenter le théâtre de gauche à droite et parlant tout en marchant.* A vos ordres, Michel, à vos ordres; vous voyez si je suis à plaindre! ajoutez à cela que j'ai perdu ma fille, que je cherche continuellement ma fille, et qu'il faut que je marche pendant des siècles pour retrouver ma fille.

Il marche toujours.

LA LOUANGE. Mais votre marche est d'un bon rapport, et chaque pas que vous faites vous est largement payé.

LE JUIF, *sans s'arrêter.* Cela vous plaît à dire ; mais je voudrais bien vous voir avec un grand scélérat d'Archange comme celui que j'ai toujours sur les talons. (*Il s'arrête un peu.*) Tenez, ça me tient là, dessous les jarrets, et puis au bas des reins ; c'est bien gênant !

L'ARCHANGE. Marche ! marche ! marche !

LE JUIF, *se remettant à marcher.* Comme c'est amusant ! (*Le contrefaisant.*) Marche ! marche ! on croirait entendre bêler un mouton : c'est tout ce qu'il sait dire... (*A la Louange.*) O Vous qui m'avez adressé une parole consolante ! merci, jeune fille, merci, tenez, tenez !

Il tire de sa poche une poignée de billets et les met dans la main de la Louange.

LA LOUANGE. Qu'est-ce que cela ?

LE JUIF. Ce sont...

L'ARCHANGE. Marche ! marche !

LE JUIF, *se remettant à marcher.* Archange Michel, que le diable t'emporte ! En vain je veux rester parmi vous... le Juif-Errant a quelque chose qui l'éloigne malgré lui de l'Art Dramatique. (*Il recule comme entraîné par une main invisible.*) Ah ! ah ! grace ! grace !

Les diables l'entourent en agitant leurs flambeaux et sortent avec lui.

LA LOUANGE. Que m'a-t-il donc laissé dans la main ?

LA CRITIQUE, *prenant un billet.* Voyons ! (*Elle lit.*) « On payera un franc de droits... pour... » Oh ! oh ! cela suffit ! Bientôt le pauvre Isaac ne se plaindra plus de marcher toujours !

L'orchestre joue très fort l'air de : *C'est pour savoir si le printemps s'avance, etc.* — Robert Macaire entre sous le costume de l'acte du commissaire : et portant sur son dos en guise de hotte un petit théâtre de carton.

SCENE XIII.

L'ART DRAMATIQUE, LA LOUANGE, LA CRITIQUE, ROBERT MACAIRE.

L'ART DRAMATIQUE. Ah ! mon Dieu !.. quel est cet homme qui ose se présenter ici sous un pareil costume... et que porte-t-il sur son dos ?

ROBERT MACAIRE. Mon costume... c'est un négligé galant... mon nom est fort connu à l'Auberge dite des Adrets, et ce que je porte sur mes épaules, c'est le théâtre des Folies Dramatiques... (*S'en débarrassant.*) Ouf ! c'est fatiguant... mais heureusement... c'est lucratif... (*Faisant sonner de l'argent dans son gousset.*) Quibus... pour papa... nanan pour ma famille... et allez donc !

LA CRITIQUE. Ce monsieur que vous voyez, ma chère sœur, vient de tenir un cours de vols et d'escroqueries, qui a été fort suivi pendant près de quatre mois; c'est l'illustre Robert Macaire... qui a attiré la foule par ses exercices.

ROBERT, *l'interrompant.* Multipliés et incomparables... Premier exercice... je fais le mouchoir, une deux... le mouchoir est floué... (*Il dérobe le mouchoir de la critique qui ne s'aperçoit de rien.*) Second exercice... (*Il tire un jeu de cartes et fait sauter la coupe.*) Manière de toujours gagner au jeu... une deux, j'ai fait sauter la coupe... c'est ce que nous appelons l'exercice républicain... parce que le roi se retourne à tout coup... Troisième exercice... (*Il tire un pistolet.*) Avec cet instrument et avec une balle on peut se procurer jusqu'à six cents balles sur le grand trimard... et allez donc !

LA CRITIQUE. Tout cela est fort gentil, je vous en fais compliment... on a bien raison de dire : le théâtre est l'école des mœurs... Et qu'allez-vous faire, maintenant ?..

ROBERT. Je vas vous dire, ma vieille... après avoir donné au théâtre St-Martin deux cents représentations de la dernière représentation de l'Auberge des Adrets... En usez-vous ?

Il présente du tabac à la Critique, en faisant crier sa tabatière.

LA CRITIQUE. Non, merci.

ROBERT. J'ai fait conditionner Robert Macaire, ou la suite de l'Auberge des Adrets... et maintenant...

LA CRITIQUE. Maintenant ?

ROBERT. Maintenant, je fais faire la suite de Robert Macaire, et je m'enleverai à la fin dans deux ballons... parce que je trouve ce dénouement fort spirituel et fort piquant.

LA CRITIQUE. Je vous conseille d'y faire adapter des parachûtes.

ROBERT. Ceci est méchant, est-ce que nous voudrions blaguer papa, hein ? ma vieille ?..

Il se mouche avec le mouchoir qu'il a volé.

LA CRITIQUE. Ma vieille ! ma vieille... eh bien, dites donc... c'est mon mouchoir que vous avez là.

ROBERT, *riant.* Ho ! ho, oh, oh !.. distraction !.. je vous demande un million de pardons.

On entend chanter dans la coulisse.

La tendre Annette
S'en va seulette
Sur la coudrette
Chanter le Robin-des-Bois.

ROBERT. Qu'entends-je ? je connais cette romance... et l'instrument qui la joue ne m'est point étranger...

(*Chantant.*) Pourquoi ?

BERTRAND, *entrant en scène.*

C'est pour savoir si le printemps s'avance ..

Reconnaissant Robert Macaire. Ciel!

ROBERT, *idem.* Bah! mais je connais ce polisson-là!

BERTRAND. Macaire! mon Oreste! je te retrouve enfin! le ciel en soit loué!

ROBERT. Ah! un instant! pas de scène de reconnaissance... tu me le promets?

BERTRAND. Je le jure sur ton crâne... Privé de ton appui tutélaire, enfant égaré parmi les hommes, je me suis ravalé jusqu'à me faire professeur de musique pour les conducteurs d'omnibus.

ROBERT. Oh! quelle catastrophe! alors, causons... (*Lui prenant la tête dans les deux mains et le regardant.*) Ce pauvre Bertrand! tu es toujours horriblement laid! n'importe, ta laideur est aimable.

BERTRAND. Flatteur... eh bien, qu'allons-nous faire maintenant, car je ne te quitte plus... vois-tu, Bertrand sans Macaire, c'est un aveugle qui a perdu son caniche... n'est-ce pas que nous ne nous quitterons plus?

ROBERT. Ta candeur me captive... touche là... je veux bien encore t'associer à ma fortune... Oh! infamie à celui que l'amitié ne touche pas et qui reste insensible aux plus douces émotions de la nature... viens dans mes bras, veins!

Bertrand le serre de toutes ses forces.

BERTRAND. Oh! oui, racommodons-nous.

ROBERT. Tu m'étouffes!

BERTRAND. Restons bien long-temps comme cela... restons comme cela pendant six semaines!

ROBERT, *le repoussant rudement.* Tu me coupes toute espèce de respiration.

Au moment où ils se séparent, un pierrot, costume de Debureau, paraît entre eux deux.

BERTRAND. Que nous veut cet homme de couleur?

Le pierrot fait des mines à Robert Macaire.

ROBERT. C'est un pierrot de la grosse espèce.

LA CRITIQUE. Pardieu! il me semble reconnaître cette figure enfarinée.

ROBERT, *à la Critique.* Vous êtes plus avancée que moi, ma vieille bonne femme.

BERTRAND. Attends donc... et oui, c'est le Potier des Titi.

LA CRITIQUE. C'est l'ami intime de l'Ane mort et de la Femme guillotinée.

ROBERT. Eh bien, que me veux-t-il... ce blanc monsieur ?

Le pierrot lui explique par gestes qu'il est envoyé pour l'engager, qu'il gagnera beaucoup d'argent.

BERTRAND. Bien, bien, je crois comprendre.

ROBERT, *à Bertrand d'un air sévère.* Hein ?..

BERTRAND, *sur le même ton.* Non, je dis, je crois comprendre...

ROBERT. Bertrand, vous êtes un bavard, (*Bertrand veut parler.*) un impitoyable bavard... (*Au pierrot.*) Nous causerons de cela plus tard, funambule.

BERTRAND. Fi donc !..

ROBERT. Quest-ce que c'est ?

BERTRAND. Non, je dis... fi donc !.. aux Funambules...

ROBERT, *lui donnant un coup de pied.* Bertrand, vous n'entendez rien, absolument rien à la triture des affaires, partout où l'on paie largement, on peut louer momentanément son talent, c'est mon sentiment.

BERTRAND. Hé bien, partons pour l'Amérique.

ROBERT, *reculant de trois pas.* Pour l'Amérique... moi... je quitterais cette belle France, patrie des beaux-arts et de l'industrie, et des belles manières, pour l'Amérique !.. pays qui a emprunté à notre civilisation les impôts, les bottes à revers et les gendarmes... oh ! non, non, non, France, je te reste ; ton aspect fait battre mon cœur ; je reste dans ma patrie.

LA CRITIQUE. Restez dans votre patrie tant que vous voudrez, mon cher ; mais si vous m'en croyez, laissez un peu de côté votre Auberge des Adrets, les Robert Macaire et les Bertrand, on en a par-dessus la tête.

ROBERT. Enchanté d'avoir fait votre connaissance. (*A Bertrand et au Pierrot.*) Allez, mes enfans, allez m'attendre, je suis à vous dans deux minutes. (*A Bertrand.*) Tu mettras la clé chez le charcutier.

BERTRAND. Chez monsieur Tartampion ? bon...

On entend un grand bruit de fanfares.

SCENE XIV.

L'ART DRAMATIQUE, LA LOUANGE, LA CRITIQUE, UN ÉCUYER.

L'ART DRAMATIQUE. Qu'est-ce que cela.

LA LOUANGE. Ne reconnaissez-vous pas à ces fanfares le théâtre qui nous fait assister à toutes nos gloires militaires ?

LA CRITIQUE. Le Cirque-Olympique ?

LA LOUANGE. Précisément.

Nouveau bruit de fanfares, un écuyer le fouet à la main, entre en scène, il est suivi de la troupe équestre.

L'ÉCUYER.

Air *flic flac d'Adam.*

Flac, flic, flac, à ch'val ou sur mes jambes
Adroit et coquet
Je fais toujours claquer mon fouet;
Flac, flic, flac, je suis des plus ingambes
Pour faire des sauts,
Chaqu'soir on me rompra les os.

Salut à l'Art Dramatique.

L'ART DRAMATIQUE. Votre présence dans mon palais, a lieu de me surprendre, mon cher, car vous n'avez rien de commun avec l'art dramatique.

L'ÉCUYER. Excusez-moi, mais je me croyais le droit de me présenter ici après avoir fait jouer tant d'ouvrages qui, à défaut de la qualité, avaient au moins la quantité.

LA CRITIQUE. Oui, avec vos batailles, vous nous avez jeté de la poudre aux yeux, mais, graces à vos bombardemens, à vos combats, vos pièces devenaient une charge continuelle. Enfin, jusqu'à présent, avec vos tableaux magiques, vos frais immenses vous avez fait beaucoup pour le public, sans doute, mais pour l'art, rien.

L'ÉCUYER. Arrière donc, le passé; à l'avenir, maintenant.

LA CRITIQUE. Bon.

L'ÉCUYER. Ne l'avez-vous pas dit, que nos grognards et nos conquêtes ont usé trop les planchers de notre théâtre?.. au magasin donc, les mousquets et l'artillerie, au magasin les drapeaux de l'empire et les habits brodés de nos généraux... Nous réveillerons plus tard tous ces vieux souvenirs du drame, maintenant, du drame, et de gais couplets; mais toujours des décors, du luxe et du spectacle, car aucun théâtre ne peut lutter avec nous dans ce genre... Le public qui paye doit être traité en seigneur, et aucuns sacrifices ne nous coûtent pour le bien servir... Nous aurons des rires pour les bons vivans, des larmes pour les ames tendres, et de la variété pour tous. D'une part, à notre manége, nos chevaux, nos exercices périlleux; de l'autre, du tragique, des féeries, et des farces...

LA LOUANGE. Bravo!..

L'ÉCUYER.

Air : *Voilà (bis.) tout le secret.*

Toujours chercher à plaire,
Au public notre ami!
Et pour le satisfaire,
Ne rien faire à demi!
Marcher sans perdre haleine
Vers de nouveaux progrès,

Pour prix de notre peine
Chez nous, voir des succès
Et la caisse bien pleine
Voilà tous mes projets
Voilà (*ter.*) tous nos projets. *bis.*

LA CRITIQUE. Peste! vous n'êtes pas difficile...

L'ART DRAMATIQUE, *se levant, à l'écuyer.* Vous venez de piquer ma curiosité; je suis en belle humeur, et puisque vous nous avez promis du drame, je veux dès ce soir honorer votre théâtre de ma présence.

L'ÉCUYER. Que d'honneur.

L'ART DRAMATIQUE. Partons donc.

L'ÉCUYER. Oh! c'est inutile.

L'ART DRAMATIQUE. Comment?

L'ÉCUYER. Grace à l'habileté des machinistes, votre palais vient d'être transporté au Cirque Olympique; et si vous voulez avoir la bonté de rester chez nous jusqu'à onze heures et demie, nous allons vous montrer un échantillon de notre nouveau répertoire.

L'ART DRAMATIQUE. Très volontiers, j'accepte.

LA LOUANGE. Et moi aussi.

LA CRITIQUE, *montrant son martinet.* Et moi aussi.

LA LOUANGE, *à l'art Dramatique.* Allons nous placer.

L'ART DRAMATIQUE. Moi, l'art dramatique dans la salle! non pas; ma place est sur la scène; je tâcherai d'y rester.

LA LOUANGE, *à la critique.* Partons, ma sœur et tâchons de trouver des places.

LA CRITIQUE. Vous courez risque de rester à la porte, ma pauvre sœur; mais moi, je ne manquerai pas de place, je vous jure.

Air : Oui, je promets d'agir en bon soldat.

Au revoir donc, oui, je vais me placer,
Grace à mon nom, partout je communique,
En bas, en haut, je saurai me glisser
En tous lieux, vous savez, se fourre la critique.

LA LOUANGE, *au public.*

C'est, par malheur, la triste vérité;
Partout déjà, pour elle on se dérange
Ce soir, ici, réservez par bonté
Un petit coin, messieurs, pour la louange.

rentrée de tous les personnages.

CHŒUR GÉNÉRAL.

Air *Fra Diavolo.*

Accourons bien vite
Vers l'art dramatique;
Un destin magique
Calme sa douleur,
L'ennui, la souffrance
Fuient sa présence,
Déjà l'espérance
Renaît dans son cœur.

FIN.

www.ingramcontent.com/pod-product-compliance
Lightning Source LLC
LaVergne TN
LVHW020632110826
845149LV00004B/1151

* 9 7 8 2 0 1 9 1 9 8 4 7 3 *